(Par M. Bachimont.)

LETTRES

A UN FRANÇAIS

SUR

LA CRISE ACTUELLE

SEPTEMBRE 1870.

LETTRES

A UN FRANÇAIS

Lettre I.

1er septembre 1870.

Mon cher ami,

Les derniers événements ont placé la France dans une telle position, qu'elle ne peut plus être sauvée d'un long et terrible esclavage, de la ruine, de la misère, de l'anéantissement, que par une levée en masse du peuple armé.

Votre armée principale étant détruite, — et cela ne fait plus de doute aujourd'hui, — il ne reste à la France que deux issues : ou bien se soumettre honteusement, lâchement, au joug insolent des Prussiens, se courber sous le bâton de Bismark et de tous ses lieutenants poméraniens; abandonner au despotisme militaire du futur empereur d'Allemagne l'Alsace et la Lorraine, qui ne veulent pas être allemandes; payer trois milliards d'indemnité, sans compter les milliards que vous aura coûtés cette guerre désastreuse; accepter de la main de Bismark un gouvernement, un ordre public écrasant et ruineux, avec la dynastie des Orléans ou des Bourbons, revenant encore une fois en France à la suite des armées étrangères ; se voir pour une dizaine ou une vingtaine d'années réduite à l'état misérable de l'Italie actuelle, opprimée et comprimée par un vice-roi qui administrera la France sous la férule de la Prusse, comme l'Italie a été jusqu'ici administrée sous la férule de la France ; accepter, comme une conséquence nécessaire, la ruine du commerce et de l'industrie nationales, sacrifiés au commerce et à l'industrie de l'Allemagne ; voir enfin s'accomplir la déchéance intellectuelle et morale de toute la nation....

Ou bien, pour éviter cette ruine, cet anéantissement, donner au peuple français les moyens de se sauver luimême.

Eh bien, mon ami, je ne doute pas que tous les hommes titrés et bien rentés de la France, à très peu d'exceptions près, que l'immense majorité de la haute et de la moyenne bourgeoisie ne consentent à ce lâche abandon de la France, plutôt que d'accepter son salut par le soulèvement populaire. En effet, le soulèvement populaire, c'est la révolution sociale, c'est la chûte de la France privilégiée. La crainte de cette révolution les a jetés, il y a vingt ans, sous la dictature de Napoléon III, elle les jettera aujourd'hui sous le sabre de Bismark et sous la verge constitutionnelle et parlementaire des Orléans. La liberté populaire leur cause une peur si affreuse, que pour l'éviter ils accepteront facilement toutes les hontes, consentiront à toutes les lâchetés, — dussent même ces lâchetés les ruiner plus tard, pourvu qu'elles les servent maintenant.

Oui, toute la France officielle, toute la France bourgeoise et privilégiée conspire pour les Orléans, conspire par conséquent contre le peuple. Et les puissances européennes volent la chose de bon œil. Pourquoi ? Parce que chacun sait bien que si la France essaye de se sauver par un formidable soulèvement populaire, ce serait le signal du déchaînement de la révolution dans toute l'Europe.

Pourquoi donc la restauration des Orléans n'est-elle pas encore un fait accompli? Parce que la dictature collective et évidemment réactionnaire de Paris se trouve en ce moment forcément impuissante. Napoléon III et l'empire sont déjà tombés, mais toute la machine impériale continue à fonctionner; et ils n'osent rien y changer, parce que changer tout cela, c'est proclamer la révolution, et proclamer la révolution c'est justement provoquer ce qu'ils veulent éviter.

Lettre II.

5 septembre.

Voilà l'empereur prisonnier et la république proclamée à Paris, avec un gouvernement provisoire.

La situation intérieure de la France a-t-elle changé pour cela? Je ne le pense pas; et les réflexions que je m'apprêtais à vous communiquer sur l'impuissance de l'empire n'ont rien perdu de leur vérité et de leur actualité, en les appliquant au gouvernement qui vient de se constituer par la fusion de la gauche républicaine et de la gauche orléaniste.

Je suppose les membres de ce gouvernement animés du désir très sincère de sauver la patrie : ce n'est pas en essayant de se servir de la *puissance d'action du mécanisme administratif*, devant laquelle l'incorrigible Thiers s'est encore si fort émerveillé dans la séance du 26 août, ce n'est pas, dis-je, en suivant la vieille routine gouvernementale qu'ils pourront faire quelque chose de bon; toute cette machine administrative, s'ils veulent sérieusement chercher le salut de la France dans le peuple, ils seront obligés de la briser, et conformément aux propositions d'Esquiros, de Jouvencel, et du général Cluseret, de rendre l'initiative de l'action à toutes les communes révolutionnaires de la France, délivrées de tout gouvernement centralisateur et de toute tutelle, et par conséquent appelées à former une nouvelle organisation en se fédérant entre elles pour la défense.

J'exposerai en quelque mots mes preuves à l'appui.

Le gouvernement provisoire ne peut, même dans les circonstances les plus favorables pour lui ;

ni réformer constitutionnellement le système de l'administration actuelle ;

ni en changer complètement, ou même d'une manière un peu sensible, le personnel.

Les réformes constitutionnelles ne peuvent se faire que par une Constituante quelconque, et il n'est pas besoin de démontrer que la convocation d'une Constituante est une chose impossible dans ce moment où il n'y a pas une semaine, pas un jour à perdre. Quant au changement du personnel, pour l'effectuer d'une manière sérieuse, il faudrait pouvoir trouver en peu de jours cent mille fonctionnaires nouveaux, avec la certitude que ces nouveaux fonctionnaires seront plus intelligents, plus énergiques et plus honnêtes que les fonctionnaires actuels. Il suffit d'énoncer cette exigence pour voir que sa réalisation est impossible.

Il ne reste donc au gouvernement provisoire que deux alternatives : ou bien se résigner à se servir de cette administration essentiellement bonapartiste, et qui sera entre ses mains une arme empoisonnée contre lui-même et contre la France ; ou bien de briser cette machine gouvernementale, sans même essayer de la remplacer par une autre, et de rendre la liberté d'initiative la plus complète à toutes les provinces, à toutes les communes de France, ce qui équivaut à la dissolution de l'État actuel.

Mais en détruisant la machine administrative, les hom-

mes de la gauche se priveront du seul moyen qu'ils avaient
de gouverner la France. Paris ayant de la sorte perdu le
commandement officiel, l'initiative par décrets, ne con-
servera plus que l'initiative de l'exemple qu'il pourra donner en se mettant à la tête de ce mouvement national.

Paris est-il capable, par l'énergie de ses résolutions,
de jouer ce rôle? Non, Paris est trop absorbé par l'intérêt de sa propre défense pour pouvoir diriger et organiser le mouvement national de la France. Paris assiégé
se transformera en un immense camp; toute sa population ne formera plus qu'une armée, disciplinée par le sentiment du danger : mais une armée ne raisonne pas, n'agit
pas comme force dirigeante et organisatrice, — elle se bat.

La seule et meilleure chose que Paris puisse faire dans
l'intérêt de son propre salut et celui de la France entière,
c'est de proclamer et de provoquer l'absolue indépendance et spontanéité des mouvements provinciaux, — et
si Paris oublie et néglige de le faire, pour quelque raison
que ce soit, le patriotisme commande aux provinces de
se lever et de s'organiser spontanément et indépendam-
ment de Paris.

Ce soulèvement des provinces est-il encore possible?
Oui, si les ouvriers des grandes cités provinciales, Lyon,
Marseille, Saint-Étienne, Rouen, et beaucoup d'autres,
ont du sang dans les veines, de l'énergie dans le cœur et
de la force dans les bras, s'ils sont des hommes vivants,
des socialistes révolutionnaires et non des doctrinaires
socialistes.

Il ne faut pas compter sur la bourgeoisie. Les bourgeois
ne voient et ne comprennent rien en dehors de l'État et
des moyens réguliers de l'État. Le maximum de leur idéal,
de leur imagination et de leur héroïsme, c'est l'exagéra-
tion révolutionnaire de la puissance et de l'action de l'É-
tat au nom du salut public. Mais j'ai déjà démontré que

l'action de l'État, à cette heure et dans les circonstances actuelles, loin de sauver la France, ne peut que la tuer.

Croyez-vous peut-être à une alliance possible entre la bourgeoisie et le prolétariat, au nom du salut national ? C'est le programme que Gambetta a exposé dans sa lettre au *Progrès* de Lyon, et je pense bien faire de vous dire mon opinion sur cette fameuse lettre.

Je n'ai jamais tenu grand compte de Gambetta, mais j'avoue que cette lettre me l'a montré encore plus insignifiant et plus pâle que je ne me l'étais imaginé. Il a pris tout-à-fait au sérieux son rôle de républicain modéré, sage, raisonnable, et dans un moment terrible comme celui-ci, au moment où la France croule et périt et où elle ne pourra être sauvée que si tous les Français ont vraiment le diable au corps, M. Gambetta trouve le temps et l'inspiration nécessaires pour écrire une lettre dans laquelle il commence par déclarer qu'il se propose « de tenir dignement le rôle *d'opposition démocratique gouvernementale.* » Il parle du « *programme à la fois républicain et conservateur* qu'il s'est tracé depuis 1869, » celui « de faire prédominer la politique tirée du suffrage universel, » (mais alors c'est celle du plébiscite de Napoléon III) « de prouver que dans les circonstances actuelles, la république est désormais la condition même du salut pour la France et de l'équilibre européen ; — qu'il n'y a plus de sécurité, de paix, de progrès que dans les institutions républicaines *sagement* pratiquées » (comme en Suisse probablement !) « ; qu'on *ne peut gouverner la France contre les classes moyennes,* et qu'on ne peut la *diriger* sans maintenir une GÉNÉREUSE *alliance avec le prolétariat* » (généreuse de la part de qui ? de la bourgeoisie sans doute.) « La forme républicaine permet seule une harmonique conciliation entre les *justes* aspirations des travailleurs et le *respect des droits sacrés de la propriété.* Le juste-milieu est une politique surannée. Le césarisme est la plus ruineuse, la plus banqueroutière des solutions. Le droit divin est définitivement aboli. *Le jacobinisme est désormais une parole ridicule et malsaine. Seule, la démocratie rationnelle et positiviste* (entendez-vous le charlatan!) *peut tout concilier, tout organiser, tout féconder* (Voyons comment?) 1789 *a posé les principes* (pas tous, bien loin de là; les principes de la liberté bourgeoise, oui; mais ceux de l'égalité, ceux de la liberté du prolétariat, non); 1792 *les a fait triompher* (et c'est pour cela sans doute que la France est si libre!) 1848 *leur a donné la sanction du suffrage universel* (en juin, sans doute.) *C'est à la génération actuelle qu'il convient de réaliser la forme républicaine* (comme en Suisse), *et de concilier, sur les bases de la justice* (de la justice juridique évidemment) *et du principe électif, les droits du citoyen et les fonctions de l'Etat, dans une société progressive et libre. Pour atteindre ce but, il faut deux choses : supprimer la peur des uns et calmer les défiances des autres ; amener la bourgeoisie à l'amour de la démocratie, et le peuple à la confiance dans ses frères aînés.* » (Pourquoi donc pas à la confiance dans la noblesse, qui est encore plus aînée que la bourgeoisie ?)

Non, les espérances de M. Gambetta sont des illusions. De quel droit la bourgeoisie demanderait-elle au peuple d'avoir confiance en elle ? C'est elle qui a déchaîné la guerre sur la France, par ses lâches complaisances pour le pouvoir; et le peuple, qui le comprend, comprend aussi que c'est à lui-même à prendre maintenant en main les affaires de la patrie.

Il se trouvera, sans doute, dans la classe bourgeoise, un nombre assez considérable de jeunes gens, qui, poussés par le désespoir du patriotisme, entreront de cœur dans le mouvement populaire qui doit sauver la France; mais il ne leur sera pas possible d'entraîner avec eux la bourgeoisie tout entière, et de lui donner cette audace, cette énergie, cette intelligence de la situation qui lui fait absolument défaut.

Je pense qu'à cette heure en France, il n'y a que deux classes qui soient capables de ce mouvement suprême qu'exige le salut de la patrie: ce sont les *ouvriers* et les *paysans*.

Ne vous étonnez pas que je parle des paysans. Les paysans ne pêchent que par ignorance, non par manque de tempérament. N'ayant pas abusé ni même usé de la vie, n'ayant pas subi l'action délétère de la civilisation bourgeoise, qui n'a pu que les effleurer à peine à la surface, ils ont conservé tout le tempérament énergique, toute la nature du peuple. La propriété, l'amour et la jouissance non des plaisirs mais du *gain*, les ont rendus considérablement égoïstes, c'est vrai, mais n'ont pas diminué leur haine instinctive contre ceux qui jouissent des fruits de la terre sans les produire par le travail de leur bras. D'ailleurs, le paysan est foncièrement patriotique, national, parce qu'il a le culte de la terre, une véritable passion pour la terre, et il fera une guerre à mort aux envahisseurs étrangers qui viendront le chasser de son champ.

Mais, pour gagner le paysan, il faudra user à son égard d'une grande prudence. S'il est vrai que le paysan hait l'envahisseur du sol, qu'il hait aussi les *beaux Messieurs* qui le grugent, il ne hait pas moins, malheureusement, les ouvriers des villes.

Voilà le grand malheur, voilà le grand obstacle à la révolution. L'ouvrier méprise le paysan, le paysan lui rend son mépris en haine. Et cependant, entre ces deux grandes moitiés du peuple, il n'y a en réalité aucun intérêt contraire, il n'y a qu'un immense et funeste malentendu, qu'il faut faire disparaître à tout prix.

Le socialisme plus éclairé, plus civilisé et par là même en quelque sorte plus bourgeois et plus doctrinaire des villes, méconnait et méprise le socialisme primitif, naturel et beaucoup plus sauvage des campagnes. Le paysan de son côté considère l'ouvrier comme le valet ou comme le soldat du bourgeois, et il le déteste comme tel, au point de devenir lui-même le serviteur et le soldat aveugle de la réaction.

Puisque cet antagonisme fatal ne repose que sur un malentendu, il faut que l'une des deux parties prenne l'initiative de l'explication et de la conciliation. L'initiative appartient naturellement à la partie la plus éclairée, c'est-à-dire aux ouvriers des villes.

J'examinerai, dans ma prochaine lettre, quels sont les griefs des ouvriers contre les paysans, griefs dont il importe que les ouvriers se rendent bien compte à eux-mêmes, s'ils veulent travailler sérieusement à une conciliation.

Lettre III.

6 septembre.

Les griefs principaux des ouvriers contre les paysans peuvent se réduire à trois :

Le *premier*, c'est que les paysans sont ignorants, superstitieux et bigots, et qu'ils se laissent diriger par les prêtres ;

Le *second*, c'est qu'ils sont dévoués à l'empereur ;

Le *troisième*, c'est qu'ils sont des partisans forcenés de la propriété individuelle.

Il est vrai que les paysans français sont parfaitement ignorants : mais est-ce leur faute ? Est-ce qu'on a jamais songé à les instruire ? Est-ce une raison de les mépriser et de les maltraiter ? Mais à ce compte, les bourgeois, qui sont incontestablement plus savants que les ouvriers, au-

raient le droit de mépriser et de maltraiter ces derniers ;
et nous connaissons bien des bourgeois qui le disent,
qui fondent sur cette supériorité d'instruction leur droit
à la domination et qui en déduisent pour les ouvriers le
devoir de la subordination. Ce qui fait la grandeur des
ouvriers vis-à-vis des bourgeois, ce n'est pas leur instruction, qui est petite, c'est leur instinct de la justice, qui
est incontestablement grand. Mais cet instinct de la justice manque-t-il aux paysans ? Regardez-bien : sous des
formes sans doute différentes, vous l'y retrouverez tout
entier. Vous trouverez en eux, à côté de leur ignorance,
un profond bon sens, une admirable finesse, et cette énergie de travail qui constitue l'honneur et le salut du prolétariat.

Les paysans, dites-vous, sont superstitieux et bigots,
et ils se laissent diriger par les prêtres. — Leur superstition est le produit de leur ignorance, artificieusement et
systématiquement entretenue par tous les gouvernements
bourgeois. Et d'ailleurs, ils ne sont pas du tout aussi superstitieux et bigots que vous voulez bien le dire ; ce
sont leurs femmes qui le sont. Mais toutes les femmes
des ouvriers sont-elles bien libres vraiment des supersti-
tions et des doctrines de la religion catholique et romaine ?
Quant à l'influence et à la direction des prêtres, ils ne
les subissent qu'en apparence seulement, autant que le
réclame la paix intérieure, et autant qu'elles ne contre-
disent point leurs intérêts. Cette superstition ne les a
point empêchés, après 1789, d'acheter les terres de l'E-
glise, confisquées par l'Etat, malgré la malédiction qui
avait été lancée par l'Eglise autant contre les acheteurs
que contre les vendeurs. D'où il résulte, que pour tuer
définitivement l'influence des prêtres dans les campagnes,
la révolution n'a à faire qu'une seule chose : c'est de
mettre en contradiction les intérêts des paysans avec
ceux de l'Eglise.

J'ai entendu toujours avec peine, non seulement des jacobins révolutionnaires, mais des socialistes qui ont subi indirectement l'influence de cette école, avancer cette idée complètement *anti-révolutionnaire* qu'il faudra que la future république abolisse par décret tous les cultes publics et ordonne également par décret l'expulsion violente de tous les prêtres. D'abord je suis l'ennemi absolu de la *révolution par décrets* qui est une conséquence et une application de l'idée de *l'État révolutionnaire* — c'est-à-dire de la réaction se cachant derrière les apparences de la révolution. — Au système des décrets révolutionnaires, j'oppose celui des *faits révolutionnaires*, le seul efficace, conséquent et vrai, en dehors de l'intervention d'une violence officielle ou autoritaire quelconque.

Ainsi dans cet exemple, si par malheur on voulait ordonner par décrets l'abolition des cultes et l'expulsion des prêtres, vous pouvez être sûr que les paysans les moins religieux prendront parti pour le culte et pour les prêtres, ne fût-ce que par esprit de contradiction, et parce qu'un sentiment légitime, naturel, base de la liberté, se révolte en tout homme contre toute mesure imposée, eût-elle même la liberté pour but. On peut donc être certain, que si les villes commettaient la sottise de *décréter* l'abolition des cultes et l'expulsion des prêtres, les campagnes, prenant parti pour les prêtres, se révolteraient contre les villes, et deviendraient un instrument terrible entre les mains de la réaction. Mais faut-il donc laisser les prêtres et leur puissance debout? Pas du tout. Il faut les combattre de la manière la plus énergique, — non pas en qualité de ministres de la religion catholique et romaine, mais parce qu'ils ont été les soutiens les plus efficaces de ce déplorable régime impérial qui a appelé sur la France les calamités de la guerre; parce qu'en persuadant le peuple de voter pour l'empereur, et en lui promettant qu'il aurait à cette condition la paix et la sécurité, ils ont trompé le peuple, et ils sont par conséquent des intrigants et des traîtres.

La principale raison pourquoi toutes les autorités révolutionnaires du monde ont toujours fait si peu de révolution, c'est qu'elles ont voulu toujours la faire par elles-mêmes, par leur propre autorité et par leur propre puissance, ce qui n'a jamais manqué d'aboutir à deux résultats: d'abord de rétrécir excessivement l'action révolutionnaire, car il est impossible même pour l'autorité révolutionnaire la plus intelligente, la plus énergique, la plus franche, d'étreindre beaucoup de questions et d'intérêts à la fois, toute dictature, tant individuelle que collective, en tant que formée d'un ou de plusieurs personnages officiels, étant nécessairement très bornée, très aveugle, et incapable ni de pénétrer dans les profondeurs, ni d'embrasser toute la largeur de la vie populaire — aussi bien qu'il est impossible pour le plus puissant vaisseau de mesurer la profondeur et la largeur de l'océan; et ensuite, de soulever des résistances, parce que tout acte d'autorité et de puissance officielle, légalement imposé, réveille nécessairement dans les masses un sentiment de révolte, la réaction.

Que doivent donc faire les autorités révolutionnaires? — et tâchons qu'il y en ait aussi peu que possible — que doivent-elles faire pour étendre et pour organiser la révolution? Elles doivent non la faire elles-mêmes par des décrets, non l'imposer aux masses, mais la provoquer dans les masses. Elles doivent non leur imposer une organisation quelconque, mais en suscitant leur organisation autonome de bas en haut, travailler à l'aide de l'influence individuelle sur les hommes les plus intelligents de chaque localité, pour que cette organisation soit autant que possible conforme aux vrais principes. — Tout le secret de la réussite est là.

Que ce travail rencontre d'immenses difficultés, qui peut en douter ? Mais pense-t-on que la révolution soit un jeu d'enfants, et qu'on puisse la faire sans vaincre des difficultés innombrables ? Les révolutionnaires socialistes de nos jours n'ont rien ou presque rien à imiter de tous les procédés révolutionnaires des Jacobins de 1793. La routine révolutionnaire les perdrait. Ils doivent travailler dans le vif, ils doivent tout créer.

Je reviens aux paysans.

Les prétendues sympathies bonapartistes des paysans français, qui constituent un autre grief des ouvriers contre eux, ne m'inquiètent pas du tout. C'est un symptôme superficiel de l'instinct socialiste, dévoyé par l'ignorance et exploité par la malveillance, une maladie de peau qui ne saurait résister aux remèdes héroïques du socialisme révolutionnaire ; c'est une expression négative de leur haine pour les *beaux Messieurs* et pour les bourgeois des villes. Les paysans ne donneront ni leur terre, ni leur argent, ni leur vie pour Napoléon III, mais ils lui donneront volontiers la vie et les biens des autres, parce qu'ils détestent les autres, et parce qu'on leur a fait voir dans Napoléon l'empereur des paysans, l'ennemi de la bourgeoisie. Et remarquez que dans cette déplorable affaire, où les paysans d'une commune de la Dordogne ont égorgé et brûlé un jeune et noble propriétaire, la dispute a commencé par ces mots prononcés par un paysan : « Ah ! vous voilà, beau Monsieur ; vous restez vous-même tranquillement à la maison, parce que vous êtes riche, et vous envoyez les pauvres gens à la guerre. Eh bien, nous allons chez nous, qu'on vienne nous y chercher. » Dans ces paroles on peut voir la vive expression de la rancune héréditaire du paysan contre le propriétaire riche, mais nullement le désir fanatique de se sacrifier et d'aller se

faire tuer pour l'empereur ; au contraire, le désir tout-à-
fait naturel d'échapper au service militaire.

Du reste, dans les villages où l'amour de l'empereur a
passé à l'état de culte et d'habitude passionnée, -- s'il
s'en trouve, -- il n'y a pas même besoin de parler de
l'empereur. Il faut ruiner la superstition bonapartiste *dans
les faits*, en ruinant la machine administrative, en ruinant l'influence des hommes qui entretenaient le fana-
tisme impérialiste, -- mais sans rien dire contre l'empereur lui-même. C'est le vrai moyen de réussir, le moyen
que je vous ai recommandé déjà contre les prêtres.

Le dernier et principal argument des ouvriers des villes
contre les paysans, c'est la cupidité de ces derniers, leur
grossier égoïsme et leur attachement passionné à la propriété individuelle de la terre.

Les ouvriers qui leur reprochent tout cela devraient se
demander d'abord : et qui n'est point égoïste ? Qui dans
la société actuelle n'est point cupide, dans ce sens qu'il
tient avec fureur au peu de bien qu'il a pu amasser et qui
lui garantit, dans l'anarchie économique actuelle et dans
cette société qui est sans pitié pour ceux qui meurent de
faim, son existence et l'existence des siens ? -- Les paysans ne sont pas des communistes, il est vrai, ils redou-
tent, ils haïssent les partageux, parce qu'ils ont quelque
chose à conserver, au moins en imagination, et l'imagination est une grande puissance dont généralement on
ne tient pas assez compte dans la société. -- Les ouvriers
dont l'immense majorité ne possède rien, ont infiniment
plus de propension au communisme, que les paysans ;
rien de plus naturel : le communisme des uns est aussi
naturel que l'individualisme des autres -- il n'y a pas là
de quoi se vanter, ni mépriser les autres-- les uns comme
les autres étant avec toutes leurs idées et toutes leurs
passions, les produits des milieux différents qui les ont

engendrés. Et encore, les ouvriers eux-mêmes sont-ils tous communistes ?

Il ne s'agit donc pas d'en vouloir aux paysans, ni de les dénigrer, *il s'agit d'établir une ligne de conduite révolutionnaire qui tourne la difficulté et qui non seulement empêcherait l'individualisme des paysans de les pousser dans le parti de la réaction, mais qui, au contraire, s'en servirait pour faire triompher la révolution.*

En dehors du moyen que je propose il n'en existe qu'un seul : le terrorisme des villes contre les campagnes. Or je l'ai dit, et je ne puis trop le répéter : ceux qui se serviront d'un moyen semblable tueront la révolution au lieu de la faire triompher ; il faut absolument renoncer à cette vieille arme de la terreur, de la violence organisée par l'État, arme empruntée à l'arsenal du jacobinisme ; elle n'aboutirait qu'à rejeter dans le camp de la réaction les dix millions de paysans français.

Heureusement, — je dis heureusement, — les défaites de la France ne lui permettent pas de songer un seul moment au terrorisme, au despotisme de l'État révolutionnaire. Et sans cela il est plus que probable que beaucoup de socialistes, imbus des préjugés jacobins, auraient voulu essayer de la force pour imposer leur programme. Ils auraient, par exemple, convoqué une Convention composée des députés des villes : cette Convention aurait voulu imposer par décret le collectivisme aux campagnes ; les campagnes se seraient soulevées, et pour les réduire, il aurait fallu recourir à une immense force armée. Cette armée, forcément soumise à la discipline militaire, aurait eu des généraux, probablement ambitieux ; — et voilà toute la machine de l'État se reconstituant pièce à pièce. La machine reconstituée, ils auraient bientôt eu le machiniste, le dictateur, l'empereur. Tout cela leur serait infailliblement arrivé, parce que c'est la logique même des choses.

Par bonheur, aujourd'hui, les événements eux-mêmes forceront bien les ouvriers d'ouvrir les yeux et de renoncer à ce système fatal. Ils devraient être fous pour vouloir faire, dans les circonstances présentes, du terrorisme contre les campagnes. Si les campagnes se soulevaient maintenant contre les villes, les villes et la France avec elles seraient perdues. Les ouvriers le sentent, et c'est là en partie ce qui m'explique l'apathie, l'inertie incroyable des populations ouvrières dans la plupart des grandes villes de France.

En effet les ouvriers se trouvent en ce moment complètement déroutés et abasourdis par la nouveauté de la situation. Jusqu'ici, il n'y a guère eu que leurs souffrances qu'ils connussent par leur expérience personnelle ; tout le reste, leur idéal, leurs espérances, leurs imaginations politiques et sociales, leurs plans et projets pratiques, rêvés plutôt que médités pour un prochain avenir, — tout cela ils l'ont pris beaucoup plus dans les livres, dans les théories courantes et sans cesse discutées, que dans une réflexion basée sur l'expérience de la vie. De leur existence et de leur expérience journalière, ils ont fait continuellement abstraction, et ils ne se sont point habitués à y puiser leurs inspirations, leur pensée. Leur pensée s'est nourrie d'une certaine théorie acceptée par tradition, sans critique, mais avec pleine confiance, et cette théorie n'est autre chose que le système politique des Jacobins, modifié plus ou moins à l'usage des socialistes. Maintenant, cette théorie de la révolution a fait banqueroute, sa base principale, l'État, la puissance de l'État, ayant croulé. Dans les circonstances actuelles, l'application de la méthode terroristique, tant affectionnée des Jacobins, est évidemment devenue impossible. Et les ouvriers de France qui n'en connaissent pas d'autre, sont déroutés. Ils se disent avec beaucoup de raison qu'il est impossible de faire du terrorisme officiel, régulier et légal, ni d'employer des moyens coërcitifs contre les paysans, qu'il est impossible d'instituer l'Etat révolutionnaire, un Comité de salut public central pour toute la France, dans un moment où l'invasion étrangère n'est pas seulement à la frontière comme en 1792, mais au cœur de la France, à deux pas de Paris. Ils voient toute l'organisation officielle crouler, ils désespèrent avec raison de pouvoir en créer une autre, et ne comprennent pas de salut, ces révolutionnaires, en dehors de l'ordre public, ne comprennent pas, ces hommes du peuple, la puissance et la vie qu'il y a dans ce que la gent officielle de toutes les couleurs, depuis la fleur de lys jusqu'au rouge foncé, appelle *l'anarchie*; ils se croisent les bras et se disent: nous sommes perdus, la France est perdue.

Eh non, mes amis, elle n'est pas perdue, si vous ne voulez pas vous perdre vous-mêmes, si vous êtes des hommes, si vous voulez la sauver. Pour cela, vous savez ce que vous avez à faire: l'administration, le gouvernement, la machine entière de l'Etat croule de toutes parts; gardez-vous de vous en désoler, et de chercher à relever ces ruines. Affranchis de toute cette architecture officielle, faites appel à la vie populaire, à la liberté, et vous sauverez le peuple.

Je reviens encore une fois aux paysans. Je n'ai jamais cru que, même dans les circonstances les plus favorables, les ouvriers pussent jamais avoir la puissance de leur imposer la collectivité; et je ne l'ai jamais désiré, parce que j'ai horreur tout système imposé, parce que j'aime sincèrement et passionnément la liberté. Cette fausse idée et cette espérance liberticide constituent l'aberration fondamentale du communisme autoritaire, qui parce qu'il a besoin de la violence régulièrement organisée, a besoin de l'Etat et qui parce qu'il a besoin de l'Etat, aboutit nécessairement à la reconstitution du principe de l'autorité et d'une classe privilégiée de fonctionnaires de l'État. On ne peut imposer la collectivité qu'à des esclaves, — et alors la collectivité devient la négation même de l'humanité. Chez un peuple libre, la collectivité ne pourra se produire que par la force des choses ; non par l'imposition d'en haut, mais par le mouvement spontané d'en bas, librement et nécessairement à la fois, alors que les conditions de l'individualisme privilégié, les institutions politiques et juridiques de l'État, auront disparu d'elles-mêmes.

Lettre IV.

7 septembre.

Après avoir parlé des griefs des ouvriers contre les paysans, il faut considérer à leur tour les griefs des paysans, la source de leur haine contre les villes.

Je les énumérerai comme suit :

1° Les paysans se sentent méprisés par les villes, et le mépris dont on est l'objet se devine vite, même par les enfants, et ne se pardonne pas.

2° Les paysans s'imaginent — et non sans beaucoup de raison, non sans beaucoup de preuves et d'expériences historiques à l'appui de cette opinion — que les villes veulent les dominer, les gouverner, les exploiter souvent et leur imposer toujours un ordre politique dont ils ne se soucient pas.

3° Les paysans en outre considèrent les ouvriers des villes comme des *partageux*, et craignent que les socialistes ne viennent confisquer leur terre qu'ils aiment au-dessus de toute chose.

Que doivent donc faire les ouvriers pour vaincre cette défiance et cette animosité des paysans contre eux? D'abord cesser de leur témoigner leur mépris, cesser de les mépriser. Cela est nécessaire pour le salut de la révolution et d'eux-mêmes, car la haine des paysans constitue un immense danger. S'il n'y avait pas cette défiance et cette haine, la révolution aurait été faite depuis longtemps, car l'animosité qui existe malheureusement dans les campagnes contre les villes constitue dans tous les pays la base et la force principale de la réaction. Donc dans l'intérêt de la révolution qui doit les émanciper, les ouvriers doivent cesser au plus vite de témoigner ce mépris aux paysans. Ils le doivent aussi par justice, car vraiment ils n'ont aucune raison pour les mépriser, ni pour les détester. Les paysans ne sont pas des fainéants, ce sont de rudes travailleurs comme eux-mêmes, seulement ils travaillent dans des conditions différentes. Voilà tout. En présence du bourgeois exploiteur, l'ouvrier doit se sentir le frère du paysan.

Les paysans marcheront avec les ouvriers des villes pour le salut de la patrie aussitôt qu'ils se seront convaincus que les ouvriers des villes ne prétendent pas leur imposer leur volonté, ni un ordre politique et social quelconque inventé par les villes pour la plus grande félicité des campagnes; aussitôt qu'ils auront acquis l'assurance que les ouvriers n'ont aucunement l'intention de leur prendre leurs terres.

Eh bien, il est de toute nécessité aujourd'hui que les ouvriers renoncent réellement à cette prétention et et à cette intention, et qu'ils y renoncent de manière à ce que les paysans le sachent et en demeurent tout-à-fait convaincus. Les ouvriers doivent y renoncer, car alors même que des prétentions pareilles seraient réalisables, elles seraient souverainement *injustes* et *réactionnaires*; et maintenant que leur réalisation est devenue absolument impossible, elles ne constitueraient qu'une criminelle folie.

De quel droit les ouvriers imposeraient-ils aux paysans une forme de gouvernement ou d'organisation économique quelconque? Du droit de la révolution, dit-on. Mais la révolution n'est plus révolution lorsqu'elle agit en despote, et lorsqu'au lieu de provoquer la liberté dans les masses, elle provoque la réaction dans leur sein. Le moyen et la condition sinon le but principal de la révolution c'est l'anéantissement de principe de l'autorité dans toutes ses manifestations possibles, c'est l'abolition complète de l'État politique et juridique, parce que l'État, frère cadet de l'Église, comme l'a fort bien démontré Proudhon, est la consécration historique de tous les despotismes, de tous les priviléges, la raison politique de tous les asservissements économiques et sociaux, l'essence même et le centre de toute réaction. Lorsque au nom de la révolution, on veut faire de l'État, ne fût-ce que de l'État provisoire, on fait donc de la réaction et on travaille pour le despotisme, non pour la liberté; pour l'institution du privilége contre l'égalité.

C'est clair comme le jour. Mais les ouvriers socialistes de la France, élevés dans les traditions politiques des jacobins, n'ont jamais voulu le comprendre. Maintenant ils seront forcés de le comprendre, par bonheur pour la révolution et pour eux-mêmes. D'où leur est venue cette prétention aussi ridicule qu'arrogante, aussi injuste que funeste d'imposer leur idéal politique et social à dix millions de paysans qui n'en veulent pas? C'est évidemment encore un héritage bourgeois, un legs politique du révolutionarisme bourgeois. Quel est le fondement, l'explication, la théorie de cette prétention? C'est la supériorité prétendue ou réelle de l'intelligence, de l'instruction, en un mot de la civilisation ouvrière, sur la civilisation des campagnes. Mais savez-vous qu'avec un tel principe on peut légitimer toutes les conquêtes, consacrer toutes les oppressions? Les bourgeois n'en ont jamais eu d'autre pour prouver leur mission et leur droit de *gouverner*, ou ce qui veut dire la même chose, d'exploiter le monde ouvrier. De nation à nation, aussi bien que d'une classe à une autre, ce principe fatal et qui n'est autre que celui de l'autorité, explique et pose comme un droit tous les envahissements et toutes les conquêtes. Les Allemands ne s'en sont-ils pas toujours servis pour exécuter tous leurs attentats contre la liberté et contre l'indépendance des peuples slaves et pour en légitimer la germanisation violente et forcée? C'est, disent-ils, la conquête de la civilisation sur la barbarie. Prenez garde; les Allemands commencent à s'apercevoir aussi que la civilisation germanique, protestante, est bien supérieure à la civilisation catholique des peuples de race latine en général, et à la civilisation française en particulier. Prenez garde qu'ils ne s'imaginent bientôt qu'ils ont la mission de vous civiliser et de vous rendre heureux, comme vous vous imaginez, vous, avoir la mission de civiliser et d'émanciper vos compatriotes, vos frères, les paysans de la France. Pour moi l'une et l'autre prétention sont également odieuses et je vous déclare que, tant dans les rapports internationaux que dans les rapports d'une classe à une autre, je serai toujours du côté de ceux qu'on voudra civiliser par ce procédé. — Je me révolterai avec eux contre tous ces civilisateurs arrogants, qu'ils s'appellent les ouvriers ou les Allemands, et en me révoltant contre eux, je servirai la révolution contre la réaction.

Mais s'il en est ainsi, dira-t-on, faut-il abandonner les paysans ignorants et superstitieux à toutes les influences et à toutes les intrigues de la réaction? Point du tout. Il faut écraser la réaction dans les campagnes aussi bien que dans les villes; mais il faut pour cela l'atteindre dans les faits, et ne pas se borner à lui faire la guerre à coups de décrets. Je l'ai déjà dit, on n'extirpe rien avec des décrets. Au contraire, les décrets et tous les actes de l'autorité consolident ce qu'ils veulent détruire.

Au lieu de vouloir prendre aux paysans les terres qu'ils possèdent aujourd'hui, laissez-les suivre leur instinct naturel, et savez-vous ce qui arrivera alors? Le paysan veut avoir à lui *toute la terre*; il regarde le grand seigneur ou le riche bourgeois, dont les vastes domaines amoindrissent son champ, comme un étranger et un usurpateur. La révolution de 1789 a donné aux paysans les terres de l'église; il voudra profiter d'une autre révolution pour gagner les terres de la bourgeoisie.

Mais si cela arrivait, si les paysans mettaient la main sur toute la portion du sol qui ne leur appartient pas encore, n'aurait-on pas laissé renforcer par là d'une manière fâcheuse le principe de la propriété individuelle, et les paysans ne se trouveraient-ils pas plus que jamais hostiles aux ouvriers socialistes des villes ?

Pas du tout, car la consécration juridique et politique de l'État, la garantie de la propriété, manquera au paysan. La propriété ne sera plus un droit, elle sera réduite à l'état d'un simple fait.

Alors ce sera la guerre civile, direz-vous. La propriété individuelle n'étant plus garantie par aucune autorité supérieure, et n'étant plus défendue que par la seule énergie du propriétaire, chacun voudra s'emparer du bien d'autrui, les plus forts pilleront les plus faibles.

Il est certain que, dès l'abord, les choses ne se passeront pas d'une manière absolument pacifique : il y aura des luttes, l'ordre public sera troublé, et les premiers faits qui résulteront d'un état de choses pareil pourront constituer ce qu'on est convenu d'appeler une guerre civile. Mais aimez-vous mieux livrer la France aux Prussiens ? pensez-vous que les Prussiens respecteront l'ordre public, et ne tueront et ne pilleront personne ? Préférez-vous, à une agitation momentanée qui doit sauver le pays, préférez-vous l'esclavage, la honte et la misère complète, fruits inévitables de la victoire des Prussiens que vos hésitations et vos scrupules auront rendue certaine ?

Non, pas de craintes puériles sur les inconvénients du soulèvement des paysans. Ne pensez pas que, malgré les quelques excès qui pourront se produire çà et là, les paysans, cessant d'être contenus par l'autorité de l'État, s'entre-dévorent. S'ils essaient de le faire dans le commencement, ils ne tarderont pas à se convaincre de l'impossibilité matérielle de persister dans cette voie, et alors ils tâcheront de s'entendre, de transiger et de s'organiser entre eux. Le besoin de se nourrir eux et leurs enfants, et par conséquent la nécessité de continuer les travaux de la campagne, la nécessité de garantir leurs maisons, leurs familles et leur propre vie contre des attaques imprévues, tout cela les forcera indubitablement à entrer bientôt dans la voie des arrangements mutuels.

Et ne croyez pas non plus que dans ces arrangements amenés en dehors de toute tutelle officielle, par la seule force des choses, les plus forts, les plus riches exercent une influence prédominante. La richesse des riches ne sera plus garantie par les institutions juridiques, elle cessera donc d'être une puissance. Les paysans riches ne sont puissants aujourd'hui que parce qu'ils sont protégés et courtisés par les fonctionnaires de l'État et l'État lui-même. Cet appui venant à leur manquer, leur puissance disparaîtra du même coup. Quant aux plus madrés, aux plus forts, ils seront annulés par la puissance collective de la masse, du grand nombre des petits et très petits paysans, ainsi que des prolétaires des campagnes, masse aujourd'hui asservie, réduite à la souffrance muette, mais que le mouvement révolutionnaire armera d'une irrésistible puissance.

Je ne prétends pas, notez-le bien, que les campagnes qui se réorganiseront ainsi, de bas en haut, créeront du premier coup une organisation idéale, conforme dans tous les points à celle que nous rêvons.

Ce dont je suis convaincu, c'est que ce sera une organisation vivante, mille fois supérieure à celle qui existe maintenant, et qui d'ailleurs, ouverte d'un côté à la propagande active des villes, et de l'autre ne pouvant jamais être fixée et pour ainsi dire pétrifiée par la protection de l'Etat et de la loi, progressera librement et pourra se développer et se perfectionner d'une manière indéfinie, mais toujours vivante et libre, jamais décrétée ni légalisée, jusqu'à arriver enfin à un point aussi raisonnable qu'on peut l'espérer de nos jours.

Comme la vie et l'action spontanée, suspendues pendant des siècles par l'action absorbante de l'Etat, seront rendues aux communes, il est naturel que chaque commune prendra pour point de départ de son développement nouveau, non l'état intellectuel et moral dans lequel la fiction officielle la suppose, mais l'état réel de la civilisation; et comme le degré de civilisation réelle est très différent entre les communes de France, aussi bien qu'entre celles de l'Europe en général, il en résultera nécessairement une grande différence de développement; mais l'entente mutuelle, l'harmonie, l'équilibre établi d'un commun accord remplaceront l'unité artificielle des Etats. Il y aura une vie nouvelle et un monde nouveau.

Lettre V.

8 septembre.

Je prévois que vous allez faire une objection à tout ce que je vous ai écrit au sujet des paysans, de leur organisation, et de leur réconciliation avec les ouvriers.

Vous me direz : Mais cette agitation révolutionnaire, cette lutte intérieure qui doit naître nécessairement de la destruction des institutions politiques et juridiques, ne paralyseront-elles pas la défense nationale; et au lieu de repousser les Prussiens, n'aura-t-on pas au contraire livré la France à l'invasion?

Point du tout. L'histoire nous prouve que jamais les nations ne se montrèrent aussi puissantes au dehors, que lorsqu'elles se sentirent profondément agitées et troublées à l'intérieur, et qu'au contraire jamais elles ne furent aussi faibles que lorsqu'elles apparaissaient unies sous une autorité et dans un ordre quelconques. Au fond rien de plus naturel : la lutte c'est la vie, et la vie c'est la force. Pour vous en convaincre, comparez entre elles quelques époques de votre propre histoire. Mettez en regard la France sortie de la Fronde, et développée, aguerrie par les luttes de la Fronde, sous la jeunesse de Louis XIV, et la France de sa vieillesse, la monarchie fortement établie, unifiée, pacifiée par le grand roi : la première toute resplendissante de victoires, la seconde marchant de défaite en défaite à la ruine. Comparez de même la France de 1792 avec la France d'aujourd'hui. Si jamais la France a été déchirée par la guerre civile, c'est bien en 1792 et 1793 ; le mouvement, la lutte, une lutte à vie et à mort, se produisait sur tous les points de la république ; et pourtant la France a repoussé victorieusement l'invasion de l'Europe presque toute entière coalisée contre elle. En 1870, la France unie et pacifiée de l'empire est battue par les armées de l'Allemagne, et se montre démoralisée au point qu'on doit trembler pour son existence.

Vous pourriez sans doute me citer l'exemple de la Prusse et de l'Allemagne actuelles, qui ne sont déchirées par aucune guerre civile, qui se montrent au contraire singulièrement résignées et soumises au despotisme de leur souverain, et qui néanmoins développent aujourd'hui une puissance formidable. Mais ce fait exceptionnel s'explique par deux raisons particulières, dont aucune ne peut s'appliquer à la France actuelle. La première, c'est la passion unitaire qui depuis cinquante-cinq ans n'a fait que croître au détriment de toutes les autres passions et de toutes les autres idées dans cette malheureuse nation germanique. La seconde, c'est la savante perfection de son mécanisme administratif.

Pour ce qui est de la passion unitaire, de cette ambition inhumaine et liberticide de devenir une *grande nation*, la première nation du monde, — la France l'a éprouvée également en son temps. Cette passion, pareille à ces fièvres furieuses qui donnent momentanément au malade une force surhumaine, sauf à l'épuiser ensuite totalement et à le jeter dans une prostration complète, — cette passion, après avoir grandi la France pour un espace de temps très court, l'a fait aboutir à une catastrophe dont elle s'est relevée si peu, même aujourd'hui, cinquante-cinq ans après la défaite de Waterloo, que ses malheurs présents ne sont rien selon moi qu'une rechute, un second coup d'apoplexie qui cette fois emportera certainement le malade, c'est-à-dire l'État militaire, politique et juridique.

Eh bien, l'Allemagne est travaillée aujourd'hui précisément par cette même fièvre, par cette même passion de grandeur nationale, que la France a éprouvée et expérimentée dans toutes ses phases au commencement de ce siècle et qui, à cause de cela même, est devenue désormais incapable de l'agiter et de l'électriser. Les Allemands, qui se croient aujourd'hui le premier peuple du monde, sont en arrière d'un demi-siècle au moins sur la France; que dis-je ? il faut remonter bien plus loin encore pour trouver l'équivalent de la phase qu'ils traversent aujourd'hui. La *Gazette officielle* de Berlin leur montre dans un prochain avenir, comme récompense de leur dévouement héroïque, « l'établis-» sement d'un grand empire tudesque, fondé sur la » crainte de Dieu et sur la vraie morale. » Traduisez ceci en bon langage catholique, et vous aurez l'empire rêvé par Louis XIV. Leurs conquêtes, dont ils sont si fiers à présent, les feraient reculer de deux siècles ! — Aussi tout ce qu'il y a d'intelligence honnête et vraiment libérale en Allemagne — sans parler des démocrates socialistes — commence à s'inquiéter des conséquences des victoires nationales. Encore quelques semaines de sacrifices pareils à ceux que l'Allemagne a dû faire jusqu'ici moitié par force, moitié par exaltation, et la fièvre commencera à tomber; le peuple allemand comptera ses pertes en hommes et en argent, il les comparera aux avantages obtenus, et alors le roi Guillaume et Bismark n'auront qu'à bien se tenir. Et c'est pour cela qu'ils sentent l'absolue nécessité de revenir victorieux et les mains pleines.

L'autre raison de la puissance inouïe développée actuellement par les Allemands, c'est l'excellence de leur machine administrative, — excellence non au point de vue de la liberté et du bien-être des populations, mais au point de vue de la richesse et de la puissance exclusives de l'Etat. La machine administrative, si parfaite qu'elle soit, n'est jamais la vie du peuple, c'en est au contraire la négation absolue et directe. Donc la force qu'elle produit n'est jamais une force naturelle, organique, populaire, c'est au contraire une force toute mécanique et artificielle. Une fois brisée, elle ne se renouvelle pas d'elle-même, et sa reconstruction devient excessivement difficile. C'est pourquoi il faut bien se garder d'en forcer les ressorts. Eh bien, c'est pourtant ce qu'ont fait Bismark et son roi; ils ont déjà forcé la machine. L'Allemagne a mis sur pied un million et demi de soldats, et Dieu sait les centaines de millions qu'elle a dépensés. Que Paris résiste, que la France toute entière se lève derrière lui, et la machine germanique sautera.

Lettre VI.

15 septembre.

Après vous avoir dit ce que je pense de l'union possible des ouvriers et des paysans pour sauver la France, je veux revenir encore sur le point capital de ma thèse, savoir l'impuissance absolue de tout gouvernement républicain ou autre, et spécialement du gouvernement Gambetta et Cie, à empêcher la catastrophe qui se prépare et qui ne peut être conjurée que par l'action directe et toute puissante du peuple lui-même,

Si je ramène dans le cours de ma démonstration quelques arguments dont je me suis déjà servi, c'est qu'il y a des choses qu'on ne saurait trop répéter : car de l'intelligence de ces choses, dépend le salut du peuple français.

Voyons donc ce que pourra essayer de faire le gouvernement actuel pour organiser la défense nationale.

La première difficulté qui se présente à l'esprit est celle-ci. Cette organisation, même dans les circonstances les plus favorables, et bien plus encore dans la crise présente, ne peut réussir qu'à une condition : c'est que le pouvoir organisateur reste en rapports immédiats, réguliers, incessants avec le pays qu'il se propose d'organiser. Mais il est hors de doute que sous peu de jours, lorsque Paris sera investi par les armées allemandes, les communications du gouvernement avec le pays seront complétement coupées. Dans ces conditions-là, aucune organisation n'est possible. Et d'ailleurs, à ce moment suprême, le gouvernement de Paris sera tellement absorbé par la défense même de Paris et par les difficultés intérieures qu'il rencontrera, que, fût-il composé des hommes les plus intelligents et les plus énergiques, il lui sera impossible de songer à autre chose.

Il est vrai que le gouvernement pourra se transporter en dehors de Paris, dans quelque grande cité provinciale, à Lyon, par exemple. Mais alors il n'exercera plus aucune autorité sur la France, parce qu'aux yeux du peuple, aux yeux des paysans surtout, comme il se trouve composé non des élus de la France entière, mais des élus de Paris, c'est-à-dire d'hommes les uns inconnus, les autres détestés de la campagne, — ce gouvernement n'aura aucun titre légitime à commander à la France. S'il restait à Paris, soutenu par les ouvriers de Paris, il pourrait encore s'imposer à la France, au moins aux villes, et peut-être même aux campagnes, malgré l'hostilité bien prononcée des paysans contre les hommes qui le composent. Car, il faut en convenir, Paris exerce un prestige historique si grand sur toutes les imaginations françaises, que bon gré mal gré, on finira toujours par lui obéir.

Mais une fois le gouvernement sorti de Paris, cette

raison si puissante n'existera plus. Supposons même que la grande cité provinciale où il aura transporté sa résidence, l'acclame et ratifia par cette acclamation les élus de la population de Paris : cette adhésion d'une ville de province n'entraînera pas le reste de la France, et les campagnes ne se croiront pas tenues davantage à lui obéir.

Et de quels moyens, de quel instrument se servira-t-il, pour obtenir l'obéissance ? De la machine administrative ? A supposer qu'elle puisse fonctionner encore, n'est-elle pas toute bonapartiste, et ne servira-t-elle pas justement, avec l'appui des prêtres, à ameuter les campagnes contre le gouvernement républicain ? Il faudra donc contenir les campagnes révoltées, et pour cela, il faudra employer une partie des troupes régulières qui devaient tenir tête aux Prussiens. Et comme les officiers supérieurs sont presque tous bonapartistes, le gouvernement, qui aura besoin d'hommes dévoués et fidèles, sera obligé de les casser et d'en chercher d'autres : il faudra réorganiser l'armée de fond en comble pour en faire un instrument capable de défendre la république contre l'insurrection réactionnaire. Pendant ce temps, les Prussiens prendront Paris, et les campagnes détruiront la république : et voilà uniquement à quoi peut aboutir une tentative de défense officielle, gouvernementale, par les moyens réguliers et administratifs.

Malheur à la France, si elle attendait du gouvernement actuel le renouvellement des prodiges de 1793. Ces prodiges ne furent pas produits par la seule puissance de l'État, du gouvernement, mais encore et surtout par l'enthousiasme révolutionnaire du peuple français tout entier, qui, prenant lui-même en main ses affaires avec l'énergie du désespoir, organisa dans chaque ville, dans chaque commune, un centre de résistance et d'action. — Et puis, si l'État issu du mouvement de 1789, tout jeune encore, tout pénétré de la vie et des passions populaires, a pu se montrer capable de sauver la patrie, il faut se dire que dès lors il a bien vieilli et s'est bien corrompu. Revu et corrigé, et usé jusque dans ses ressorts fondamentaux par Napoléon Ier; restauré tant bien que mal par les Bourbons, corrompu et affaibli par la monarchie de Juillet, il est arrivé sous le second empire au dernier degré de corruption et d'impuissance; et maintenant, la seule chose qu'on puisse attendre de lui, c'est sa disparition complète avec toutes les institutions policières, administratives, juridiques et financières qui le soutenaient, — pour faire place à la société naturelle, au peuple qui reprend ses droits naturels et qui se lève.

Mais, me direz-vous, le gouvernement provisoire a convoqué tous les électeurs pour la première quinzaine d'octobre, à l'effet de nommer une assemblée constituante; celle-ci pourra faire réformer radicalement le système administratif, comme l'a fait celle de 1789, et redonner ainsi une vie nouvelle à l'État politique qui tombe en ruines.

Cette objection n'est pas sérieuse. Supposons que conformément à la décision du gouvernement provisoire qui m'a l'air d'être une bravade jetée aux Prussiens plutôt qu'une résolution réfléchie, — supposons, dis-je, que les élections se fassent régulièrement, et qu'il en sorte une Assemblée dont la majorité sera disposée à seconder toutes les intentions du gouvernement républicain. Je dis que cette Assemblée ne pourra pas faire des réformes réelles et profondes en ce moment. Ce serait vouloir exécuter un mouvement de flanc en présence d'un puissant ennemi, — comme ce mouvement tenté par Bazaine devant les Prussiens et qui lui a si mal réussi. Est-ce bien au moment où le gouvernement aura le plus besoin des services énergiques et réguliers de la machine administrative, qu'il pourrait essayer de la renouveler et de la transformer? Il faudrait pour cela la paralyser complètement pendant quelques semaines; et que ferait pendant

ce temps le gouvernement, privé des rouages qui lui
sont nécessaires pour gouverner le pays?

Cette même impossibilité empêchera le gouvernement
de toucher d'une manière tant soit peu radicale au personnel même de l'administration impériale. Il lui faudrait
créer une légion d'hommes nouveaux. Tout ce qu'il pourra faire, tout ce qu'il a fait jusqu'ici, c'est de remplacer
les préfets et les sous-préfets par d'autres qui en général
ne valent pas beaucoup mieux.

Ces quelques changements de personnes démoralise-
ront nécessairement encore plus l'administration actuelle.
Il s'y produira des tiraillements sans fin et une sourde
guerre intestine, qui la rendra encore cent fois plus incapable d'action qu'elle ne l'est aujourd'hui; de sorte
que le gouvernement républicain aura à son service une
machine administrative qui ne vaudra pas même celle
qui exécutait tant bien que mal les ordres du ministère
impérial.

Pour obvier à ce mal, le gouvernement provisoire en-
verra sans doute dans les départements des proconsuls,
des commissaires extraordinaires. Ce sera alors le comble
de la désorganisation.

En effet, il ne suffit pas d'être muni de pouvoirs extraordinaires, pour prendre des mesures extraordinaires de
salut public, pour avoir la puissance de créer des forces
nouvelles, pour pouvoir provoquer dans une administration corrompue et dans des populations systématiquement déshabituées de toute initiative, un élan, une énergie, une activité salutaires. Pour cela il faut avoir encore
ce que la bourgeoisie de 1792 et 1793 avait à un si haut
degré, et ce qui manque absolument à la bourgeoisie actuelle, même aux républicains : il faut avoir l'intelligence, la volonté, l'audace révolutionnaires. Et comment
imaginer que les commissaires du gouvernement provi-

soire, les subordonnés de Gambetta et Cie, posséderont ces qualités, puisque leurs supérieurs, les membres du gouvernement, les coryphées du parti républicain, ne les ont pas trouvées dans leur propre cœur.

En dehors de ces qualités personnelles qui impriment aux hommes de 1793 un caractère vraiment héroïque, si les commissaires extraordinaires ont si bien réussi aux Jacobins de la Convention nationale, c'est que cette Convention était réellement révolutionnaire, et que, s'appuyant elle-même à Paris sur les masses populaires, sur la vile multitude, à l'exclusion de la bourgeoisie libérale, elle avait ordonné à tous ses proconsuls de s'appuyer également partout et toujours sur cette même canaille populaire. Les commissaires envoyés par Ledru-Rollin en 1848, et ceux que pourra envoyer aujourd'hui Gambetta, ont fait et feront nécessairement un fiasco complet, par la raison inverse, et les seconds plus encore que les premiers, parce que cette raison inverse agira plus puissamment encore sur eux que sur leurs devanciers de 1848. Cette raison, c'est que les uns et les autres ont été et seront, à un degré plus ou moins sensible, des bourgeois radicaux, délégués du républicanisme bourgeois, et comme tels ennemis du socialisme, ennemis de la révolution vraiment populaire.

Cet antagonisme de la révolution bourgeoise et de la révolution populaire n'existait pas encore, en 1793, ni dans la conscience du peuple, ni même dans celle de la bourgeoisie. On n'avait pas encore démêlé de l'expérience historique cette vérité, que la liberté de toute classe privilégiée — et par conséquent celle de la bourgeoisie — était fondée essentiellement sur l'esclavage économique du prolétariat. Comme fait, comme conséquence réelle, cette vérité avait toujours existé; mais elle avait été tellement embrouillée avec d'autres faits et masquée par tant d'intérêts et de tendances historiques différentes, surtout religieuses et nationales, qu'elle ne s'était point encore dégagée dans sa grande simplicité et dans sa clarté actuelle; ni pour la bourgeoisie, commanditaire du travail, ni pour le prolétariat, salarié c'est-à-dire exploité par elle. La bourgeoisie et le prolétariat étaient bien dès-lors ennemis naturels, mais sans le savoir; par suite de cette ignorance, ils attribuaient, l'une ses craintes, l'autre ses maux, à des raisons fictives, non à leur antagonisme réel; et se croyant unis d'intérêts, ils marchèrent ensemble contre la monarchie, la noblesse et les prêtres.

Voilà ce qui fit la grande force des bourgeois révolutionnaires de 1793. Non-seulement ils ne craignaient pas le déchaînement des passions populaires, mais ils le provoquèrent de toutes leurs forces, comme l'unique moyen de salut pour la patrie et pour eux-mêmes contre la réaction intérieure et extérieure. Lorsqu'un commissaire extraordinaire, délégué par la Convention, arrivait dans une province, il ne s'adressait jamais aux gros bonnets de la contrée, ni aux révolutionnaires bien gantés; il s'adressait directement aux sans-culottes, à la canaille populaire, et c'est sur elle qu'il s'appuyait pour exécuter, contre les gros bonnets et les révolutionnaires comme il faut, les décrets de la Convention. Ce qu'ils faisaient n'était donc pas à proprement parler de la centralisation ni de l'administration, mais de la provocation. Ils ne venaient pas dans un pays pour lui imposer dictatorialement la volonté de la Convention nationale. Ils ne firent cela que dans de très rares occasions, et lorsqu'ils venaient dans une contrée décidément et unanimement hostile et réactionnaire. Alors ils arrivaient accompagnés de troupes qui ajoutaient l'argument de la bayonnette à leur éloquence civique. Mais ordinairement ils venaient seuls, sans un soldat pour les appuyer, ne cherchant leur force que dans les masses dont les instincts étaient toujours conformes aux pensées de la Convention. Loin de restreindre

la liberté des mouvements populaires, par crainte d'a-
narchie, ils les provoquaient de toutes les manières. La
première chose qu'ils avaient l'habitude de faire, c'était
de former un club populaire, là où ils n'en trouvaient
pas d'existants. Révolutionnaires pour tout de bon, ils
reconnaissaient bientôt dans la masse les vrais révolutionnaires, et s'alliaient avec eux pour souffler la révolution, l'anarchie, et pour *organiser révolutionnairement
cette anarchie populaire*. Cette organisation révolutionnaire était la seule administration et la seule force exécu-
tive dont se soient servis les proconsuls de 1793.

Tel fut le vrai secret de la puissance de ces géants,
que les Jacobins-pygmées de nos jours admirent, mais
qu'ils sont impuissants à imiter.

Les commissaires de 1848 étaient des hommes d'une
toute autre étoffe, sortis d'un tout autre milieu. Eux et
leurs chefs, les membres du gouvernement provisoire,
ils appartenaient à la bourgeoisie devenue doctrinaire et
désormais fatalement séparée du peuple. Les héros de la
grande révolution étaient pour eux ce qu'avaient été en
littérature les tragédies de Corneille et de Racine, — des
modèles classiques. Ils voulurent les copier, mais la vie,
la passion, le feu sacré n'étaient plus là. Là où il fallait
des actes, ils ne surent faire que des phrases creuses,
des grimaces. Quand ils se trouvaient au milieu du prolétariat, ils se sentaient mal à leur aise, comme des gens
d'ailleurs honnêtes mais qui sont dans la nécessité de
tromper. Ils se battirent les flancs pour trouver un mot
vivant, une pensée féconde ; ils ne trouvèrent rien.

Dans toute cette fantasmagorie révolutionnaire de 1848,
il n'y eut que deux hommes réellement sérieux, quoique
tout-à-fait dissemblants l'un de l'autre ; ce furent Proudhon et Blanqui. Tout le reste ne furent que de mauvais
comédiens, qui jouèrent la Révolution, comme les con-

fréries du moyen-âge jouaient la Passion, — jusqu'au moment où Louis Bonaparte vint tirer le rideau.

Les instructions que les commissaires de 1848 reçurent de Ledru-Rollin furent aussi incohérentes et aussi vagues que le sont les pensées mêmes de ce révolutionnaire. C'étaient tous les grands mots de 1793, sans aucune des grandes choses ni des grands buts, ni surtout des énergiques résolutions de cette époque. Ledru-Rollin, comme un riche bourgeois et un rhéteur qu'il est, a toujours été l'ennemi naturel et instinctif du socialisme. Aujourd'hui, après de grands efforts, il est enfin parvenu à comprendre les sociétés coopératives ; mais il ne se sent pas la force d'aller au delà.

Louis Blanc, ce Robespierre en miniature, cet adorateur du citoyen intelligent et vertueux, est le type du communiste d'État, du socialiste doctrinaire et autoritaire. Il a écrit dans sa jeunesse une toute petite brochure sur « l'Organisation du travail, » et aujourd'hui même, en présence des immenses travaux et du développement prodigieux de l'Internationale, il en reste encore là. Pas un souffle de sa parole, pas une étincelle de son cerveau n'a donné la vie à personne. Son intelligence est stérile, comme toute sa personnalité est sèche. Aujourd'hui encore, dans une lettre récemment adressée au *Daily-News*, en présence de l'horrible et fratricide égorgement auquel se livrent les deux nations les plus civilisées du monde, il n'a pas trouvé autre chose dans sa tête et dans son cœur, que ce conseil qu'il adresse aux républicains français, « de proposer aux Allemands, au nom de la fraternité des peuples, une paix également honorable pour les deux nations. »

Ledru-Rollin et Louis Blanc ont été, comme on sait, les deux grands révolutionnaires de 1848, avant les journées de juin : l'un bourgeois-avocat, rhéteur boursouflé aux allures et aux prétentions dantonesques ; l'autre, un

Robespierre-Babœuf réduit aux plus minces proportions. Ni l'un ni l'autre n'ont su penser, vouloir, ni surtout oser. D'ailleurs, l'évêque Lamourette de ce temps-là, Lamartine, avait imprimé à tous les actes et à tous les hommes de l'époque, moins Proudhon et Blanqui, sa note fausse et son faux caractère de conciliation, — cette conciliation qui signifiait en réalité sacrifice du prolétariat à la bourgeoisie, et qui aboutit aux journées de juin.

Les commissaires extraordinaires partirent donc pour les provinces, portant dans leurs poches les instructions de ces grands hommes, — plus les recommandations d'un caractère réactionnaire très-réel, qui leur furent faites par les républicains *modérés* du *National*, les Marrast, les Bastide, les Jules Favre, etc.

Faut-il s'étonner si ces malheureux commissaires ne firent rien dans les départements, sinon d'exciter le mécontentement de tout le monde, par le ton et les manières de dictateurs qu'il leur plut de se donner. On se moqua d'eux, et ils n'exercèrent aucune influence. Au lieu de se tourner vers le peuple, et seulement vers le peuple, comme leurs devanciers de 1793, ils s'occupèrent uniquement de chercher à convertir à la république les classes privilégiées. Au lieu d'organiser partout la puissance populaire par le déchaînement des passions révolutionnaires, ils prêchèrent au prolétariat la modération, la tranquillité, la patience, et une confiance aveugle dans les desseins généreux du gouvernement provisoire. Les cercles réactionnaires de province, intimidés d'abord par cette révolution qui leur était tombée si inopinément sur la tête et par l'arrivée de ces commissaires de Paris, reprirent courage lorsqu'ils virent que ces Messieurs ne savaient faire que des phrases et avaient euxmêmes peur du peuple; et le résultat de la mission des commissaires de 1848 fut la triste Assemblée constituante que vous savez.

Après juin, ce fut autre chose. Les bourgeois sincèrement révolutionnaires, ceux qui passèrent dans le camp
du socialisme, sous l'influence de la grande catastrophe
qui avait tué d'un coup tous les comédiens révolutionnaires de Février, devinrent des hommes sérieux et firent des efforts sérieux pour révolutionner la France. Ils
réussirent même en grande partie. Mais il était trop tard;
la réaction de son côté s'était réorganisée avec une puissance formidable, et grâce aux terribles moyens que
donne la centralisation de l'Etat, elle finit par triompher
tout-à-fait, plus même qu'elle ne l'avait voulu, dans les
journées de décembre.

Eh bien, les commissaires que Gambetta pourra envoyer dans les départements, seront encore plus malheureux que les commissaires de 1848. Ennemis des ouvriers socialistes, aussi bien que de l'administration et
des paysans bonapartistes, sur qui donc s'appuieront-ils?
Leurs instructions leur commanderont évidemment d'en-
chaîner dans les villes le mouvement révolutionnaire socialiste, et dans les campagnes le mouvement réactionnaire bonapartiste, — mais avec l'aide de qui? D'une administration désorganisée, restée elle même bonapartiste
pour la moitié ou les trois-quarts, — et de quelques
centaines de pâles républicains et d'orléanistes : des républicains aussi insignifiants, aussi incertains et aussi
désorientés qu'eux-mêmes, restant en dehors de la
masse populaire et n'exerçant aucune influence sur personne ; et des orléanistes, bons seulement, comme tous
les gens riches, à exploiter et à faire tourner un mouvement au profit de la réaction, mais incapables eux-mêmes d'une résolution et d'une action énergique. Et notez
que les orléanistes seront de beaucoup les plus forts des
deux, car à côté des grands moyens financiers dont ils
disposent, ils ont encore cet avantage de savoir ce qu'ils

veulent ; tandis que les républicains joignent, à leur extrême pénurie, le malheur de ne savoir où ils vont et de rester étrangers à tous les intérêts réels, tant privilégiés que populaires. Il résultera de là que les commissaires, ou bien ne feront rien, ou bien s'il font quelque chose, le feront seulement grâce à l'appui des orléanistes, et alors n'auront travaillé en réalité qu'à la restauration des Orléans.

Maintenant, quelle est ma conclusion définitive ?

Elle ressort suffisamment de tout ce que j'ai dit, et d'ailleurs j'ai commencé par vous la donner dans ma première lettre. Je dis que dans le danger que court la France, danger plus grand que tous ceux qu'elle a courus depuis des siècles, il n'y a qu'un moyen de salut : le soulèvement général et révolutionnaire du peuple.

Si le peuple se lève, je ne doute pas du triomphe. Je ne crains qu'une chose, c'est que le danger ne lui paraisse pas assez pressant, assez immense, assez menaçant pour lui donner ce courage du désespoir dont il a besoin. A ce moment même il ne manque pas de Français qui regardent la prise de Paris, la ruine et l'asservissement de la France par les Prussiens, comme une chose absolument impossible, impossible au point d'être ridicule. Et ils laissent tranquillement avancer l'ennemi, confiants dans l'étoile de la France, et s'imaginant qu'il suffit d'avoir dit : « C'est impossible, » pour empêcher la chose de se faire.

Il faut absolument vous réveiller de ce rêve, Français, si quelques-uns de vous se laissent encore bercer par ces funestes illusions. Non, je vous le déclare : Cet affreux malheur, dont vous ne voulez pas même admettre la pensée, n'est pas impossible ; il est au contraire si certain, que si vous ne vous levez pas *aujourd'hui* en masse, pour exterminer les soldats allemands qui ont envahi le sol de la France, *demain ce sera la réalité.* Plusieurs siècles de prédominance nationale vous ont tellement habitués à vous considérer comme le premier et le plus puissant peuple du monde, que vous ne vous êtes pas encore aperçus de la gravité de votre situation présente. Cette situation, la voici :

La France comme État est perdue. Elle ne peut plus se sauver par les moyens réguliers et administratifs. C'est à la France naturelle, à la France du peuple à entrer maintenant sur la scène de l'histoire, à sauver sa liberté et celle de l'Europe entière, par un soulèvement immense, spontané, tout populaire, en dehors de toute organisation officielle, de toute centralisation gouvernementale. Et la France, en balayant de son territoire les armées du roi de Prusse, aura du même coup affranchi tous les peuples d'Europe et accompli l'émancipation sociale du prolétariat.